SMOOTHIES & Cie avec ultrablend cook

LES PETITS LIVRES DE RECETTES

Moulinex

Sandrine Houdré-Grégoire
Photographies d'Aimery Chemin

...La CUISINE de D&T...

Sommaire

Préparation

Utilisation de la machine

Repos

Compote
Hot sauce
Multigrain milk
Coulis

Libérez le meilleur des fruits et légumes avec l'Ultrablend cook !

Quoi de mieux qu'un smoothie pour faire le plein de vitamines ? Avec l'Ultrablend Cook vous consommerez rapidement vos cinq fruits et légumes par jour, en toute simplicité. Profitez d'un mixage jusqu'à quinze fois plus fin pour des textures incroyablement lisses et onctueuses. L'Ultrablend Cook libère jusqu'à trois fois plus de nutriments pour ainsi bénéficier d'une meilleure assimilation des fibres et des vitamines !

Mieux qu'un simple blender, découvrez les différents programmes automatiques de L'Ultrablend Cook, qui vous accompagneront tout au long de l'année :

- **Green smoothie** pour de délicieux smoothies
- **Milkshakes** pour une boisson gourmande à l'américaine
- **Ice crush** pour de la glace pilée qui rafraîchira vos boissons
- **Multigrain milk** pour faire vos propres laits végétaux

Goutez à nos 75 recettes colorées, détox, rafraîchissantes, énergisantes et faciles à réaliser, pour un moment fruité, à n'importe quel moment de la journée !

Et pour faire plaisir aux becs salés nous vous proposons également quelques recettes de gaspachos à déguster par une chaude journée d'été !

Révélez tout le potentiel des fruits et légumes
et découvrez des saveurs inédites !

À vos jus !

Smoothies

ingrédients

3 oranges

2 carottes

1 citron

10 g de gingembre

50 cl d'eau

50 g de glaçons

ACE

ORANGE - CAROTTE - CITRON

4 personnes

5 MIN

1 MIN 20

1. Épluchez les agrumes et coupez-les en morceaux de 3 cm. Lavez et coupez les carottes en rondelles de 2 cm.

2. Déposez-les dans le mixeur avec les glaçons. Ajoutez le gingembre pelé et coupé en lamelles, puis complétez avec l'eau.

3. Lancez le **mode green smoothie** et servez immédiatement.

Moulinex

ingrédients

2 oranges

2 kiwis

1 banane

25 cl d'eau de coco

100 g de glaçons

BANANA SUN

ORANGE - KIWI - BANANE

4 personnes

5 MIN

1 MIN 20

1. Épluchez les fruits et coupez-les en morceaux.

2. Déposez-les dans le mixeur avec les glaçons et complétez avec l'eau de coco.

3. Lancez **le mode green smoothie** et servez immédiatement.

MAX
1000

ingrédients

2 pommes granny smith

½ concombre

1 branche de céleri

1 citron

25 cl d'eau

150 g de glaçons

1 tour de Poivre de Timut

GRANNY GREEN

POMME - CONCOMBRE -CÉLERI

4 personnes

5 MIN

1 MIN 20

1. Épluchez les pommes et le citron, puis coupez-les en morceaux. Lavez et épépinez le concombre, puis coupez-le en dés. Nettoyez la branche de céleri et coupez-la en morceaux.

2. Déposez tous les ingrédients dans le mixeur avec les glaçons et complétez avec l'eau.

3. Lancez le **mode green smoothie** et servez immédiatement avec un tour de moulin à poivre.

ingrédients

3 carottes

2 oranges

1 brin de menthe

1 c. à café de curcuma

50 cl de lait de noisette

50 g de glaçons

VITAMINES

CAROTTE - ORANGE - MENTHE

4 personnes

5 MIN

1 MIN 20

1. Lavez la menthe. Lavez et coupez les carottes en rondelles de 2 cm. Épluchez les oranges et coupez-les en morceaux de 3 cm.

2. Déposez les fruits dans le mixeur avec les glaçons. Ajoutez les feuilles de menthe et le curcuma, puis complétez avec le lait de noisette.

3. Lancez le **mode green smoothie** et servez immédiatement.

ingrédients

¼ d'ananas

2 pommes

2 kiwis

1 citron vert

50 cl d'eau de coco

50 g de glaçons

MORNING GLORY

ANANAS - POMME - KIWI

4 personnes

5 MIN

1 MIN 20

1. Épluchez les ingrédients et coupez-les en morceaux de 3 à 4 cm.

2. Déposez-les avec les glaçons dans le mixeur et complétez avec l'eau de coco.

3. Lancez le **mode green smoothie** et servez immédiatement.

Astuce : Pour une texture moins onctueuse, ajoutez de l'eau à votre convenance.

ingrédients

¼ d'ananas

2 clémentines

2 bananes

25 cl d'eau (facultatif)

100 g de glaçons

ARTÉMIS

ANANAS - CLÉMENTINE - BANANE

4 personnes

5 MIN

1 MIN 20

1. Épluchez les ingrédients et coupez-les en morceaux de 3 à 4 cm.

2. Déposez-les avec les glaçons dans le mixeur et complétez éventuellement avec l'eau.

3. Lancez le **mode green smoothie** et servez immédiatement.

FAIT MAIS

ingrédients

2 pommes

½ pomelo

½ branche de céleri

1 betterave cuite

25 cl d'eau de coco

100 g de glaçons

BALLOON

POMME - BETTERAVE

4 personnes

5 MIN

1 MIN 20

1. Épluchez les ingrédients et coupez-les en morceaux de 3 à 4 cm.

2. Déposez-les avec les glaçons dans le mixeur et complétez avec l'eau de coco.

3. Lancez le **mode green smoothie** et servez immédiatement.

ingrédients

2 pommes

1 mangue

1 citron

1 fruit de la Passion

10 g de gingembre

1 yaourt nature
25 cl de lait
100 g de glaçons

MILKYWAY

MANGUE - FRUIT DE LA PASSION

4 personnes

5 MIN

1 MIN 20

1. Coupez le fruit de la Passion en deux et videz-le. Épluchez les ingrédients et coupez-les en morceaux de 3 à 4 cm.

2. Déposez-les avec le yaourt et les glaçons dans le mixeur, puis complétez avec le lait.

3. Lancez le **mode green smoothie** et servez immédiatement.

ingrédients

¼ d'ananas

2 pommes

140 g de raisin rouge

5 fraises

1 citron

100 g de glaçons

25 cl d'eau (facultatif)

GRAND-MAMAN

RAISIN - FRAISE

4 personnes

5 MIN

1 MIN 20

1. Lavez le raisin et égrappez-le. Équeutez les fraises. Épluchez les ingrédients et coupez-les en morceaux de 3 à 4 cm.

2. Déposez-les avec les glaçons dans le mixeur et complétez éventuellement avec de l'eau.

3. Lancez le **mode green smoothie** et servez immédiatement.

ingrédients

200 g de raisin blanc

½ concombre

3 brins de menthe

6 cl de sirop de gingembre

25 cl de thé vert

50 cl d'eau

100 g de glaçons

DÉSALTÈRE-MOI

RAISIN - MENTHE - THÉ

4 personnes

5 MIN

1 MIN 20

1. Préparez le thé vert et laissez refroidir. Lavez et effeuillez la menthe. Lavez le raisin et égrappez-le. Épluchez, épépinez et coupez le concombre en morceaux de 3 à 4 cm.

2. Déposez-les dans le mixeur avec le sirop de gingembre, les glaçons et l'eau.

3. Lancez le **mode green smoothie**, servez dans les verres et complétez avec de l'eau.

Astuce : *Si vous n'avez pas de sirop de gingembre, complétez avec du Ginger Ale (soda au gingembre).*

ingrédients

½ mangue

¼ de fenouil

1 betterave cuite

50 cl de lait de soja

150 g de glaçons

BEETROOT FOR EVER

MANGUE - FENOUIL - BETTERAVE

4 personnes

5 MIN

1 MIN 20

1. Lavez le fenouil. Épluchez les ingrédients et coupez-les en morceaux de 3 à 4 cm.

2. Déposez-les avec les glaçons dans le mixeur et complétez avec le lait de soja.

3. Lancez le **mode green smoothie** et servez immédiatement.

ingrédients

2 pommes

¼ d'ananas

½ mangue

½ grenade

1 orange

50 cl d'infusion de rooibos

150 g de glaçons

SWEETY SMOOTHIE

ANANAS - MANGUE - GRENADE

4 personnes

10 MIN

1 MIN 20

1. Préparez l'infusion de rooibos et laissez refroidir. Lavez les pommes et coupez-les en quartiers. Prélevez les graines de la grenade. Épluchez le reste des ingrédients et coupez-les en morceaux de 3 à 4 cm.

2. Déposez-les avec les glaçons dans le mixeur et complétez avec l'infusion.

3. Lancez le **mode green smoothie** et servez immédiatement.

ingrédients

3 poires

5 tomates

1 citron

25 cl d'eau

150 g de glaçons

MUMMY

POIRE - TOMATE - CITRON

4 personnes

5 MIN

1 MIN 20

1. Lavez les tomates et coupez-les en quartiers. Épluchez le reste des ingrédients et coupez-les en morceaux de 3 à 4 cm.

2. Déposez-les avec les glaçons dans le mixeur et complétez avec l'eau.

3. Lancez le **mode green smoothie** et servez immédiatement.

DÉTOX-ME

CARROTTE - BETTERAVE

4 personnes

5 MIN

1 MIN 20

ingrédients

2 pommes

2 carottes

1 betterave cuite

10 à 15 g de gingembre

50 cl d'eau

50 g de glaçons

1. Épluchez les ingrédients et coupez-les en morceaux de 3 à 4 cm.

2. Déposez-les avec les glaçons dans le mixeur et complétez avec l'eau.

3. Lancez le **mode green smoothie** et servez immédiatement.

1000
APPROX
800
600
400
200
Boro 3.3
1000ml

GARDEN PARTY

POIRE - CONCOMBRE - MÂCHE

4 personnes

5 MIN

1 MIN 20

ingrédients

2 poires au sirop

½ concombre

1 citron

60 g de mâche

25 cl du sirop des poires

50 cl d'eau de coco

150 g de glaçons

1. Lavez la mâche. Épluchez les ingrédients et épépinez le concombre. Coupez-les en morceaux de 3 à 4 cm.

2. Déposez-les avec les glaçons dans le mixeur et complétez avec le sirop des poires et l'eau de coco.

3. Lancez le **mode green smoothie** et servez immédiatement.

ingrédients

½ concombre

2 poires

½ pomelo

45 g de cerises

3 brins de menthe

50 cl d'eau de coco ou d'eau

80 g de glaçons

RAFRAÎCHIS-MOI

POIRE - CERISE - MENTHE

4 personnes

5 MIN

1 MIN 20

1. Lavez et effeuillez la menthe. Dénoyauté les cerises. Épluchez les ingrédients et épépinez le concombre. Coupez-les en morceaux de 3 à 4 cm.

2. Déposez-les avec les glaçons dans le mixeur et complétez avec l'eau de coco ou l'eau.

3. Lancez le **mode green smoothie** et servez immédiatement.

ingrédients

280 g de raisin blanc

4 pêches

1 banane

1 citron

50 cl d'eau

100 g de glaçons

SOUS LE SOLEIL EXACTEMENT

RAISIN - PÊCHE - BANANE

4 personnes

5 MIN

1 MIN 20

1. Lavez le raisin et égrappez-le. Épluchez le reste des ingrédients et coupez-les en morceaux de 3 à 4 cm.

2. Déposez-les avec les glaçons dans le mixeur et complétez avec l'eau.

3. Lancez le **mode green smoothie** et servez immédiatement.

ingrédients

2 poires

1 pomme

½ fenouil

½ branche de céleri

1 c. à café de curcuma

1 citron vert
25 cl d'eau de coco ou d'eau
150 g de glaçons

DES POMMES & DES POIRES

POIRE - POMME - CÉLERI

4 personnes

5 MIN

1 MIN 20

1. Lavez ou épluchez les ingrédients, puis coupez-les en morceaux de 3 à 4 cm.

2. Déposez tous les ingrédients avec les glaçons dans le mixeur et complétez avec l'eau de coco ou l'eau.

3. Lancez le **mode green smoothie** et servez immédiatement.

ingrédients

4 oranges

½ concombre

3 brins de persil

15 g de cassonade

25 cl d'eau de coco

150 g de glaçons

GREEN PEP'S

ORANGE - CONCOMBRE

4 personnes

5 MIN

1 MIN 20

1. Lavez le persil. Épluchez les ingrédients, épépinez le concombre et coupez-les en morceaux de 3 à 4 cm.

2. Déposez tous les ingrédients avec les glaçons dans le mixeur et complétez avec l'eau de coco.

3. Lancez le **mode green smoothie** et servez immédiatement.

ingrédients

3 carottes

2 pommes

1 betterave cuite

60 g de framboises

½ brins de romarin

50 cl d'eau de coco ou d'eau

150 g de glaçons

RED DELIGHT

CAROTTE - BETTERAVE - FRAMBOISE

4 personnes

5 MIN

1 MIN 20

1. Lavez le romarin. Épluchez les ingrédients et coupez-les en morceaux de 3 à 4 cm.

2. Déposez tous les ingrédients avec les glaçons dans le mixeur et complétez avec l'eau de coco ou l'eau.

3. Lancez le **mode green smoothie** et servez immédiatement.

ingrédients

¼ de pomelo

30 g de cranberries

30 g de myrtilles

2 brins de menthe

4 cl de sirop de sucre de canne

25 cl d'eau de coco

25 g de glaçons

SMOOTH

POMELO - MYRTILLES

4 personnes

5 MIN

1 MIN 20

1. Lavez et effeuillez la menthe. Épluchez le pomelo et coupez-le en quartiers. Lavez le reste des ingrédients.

2. Déposez-les avec les glaçons dans le mixeur. Ajoutez le sirop de sucre et complétez avec l'eau de coco.

3. Lancez le **mode green smoothie** et servez immédiatement.

DANS MON JARDIN

POMME - POIRE - PERSIL

4 personnes

5 MIN

1 MIN 20

ingrédients

2 pommes

2 poires

1 citron

3 brins de persil

5 cl de sirop de sucre de canne (facultatif)

50 cl d'eau de coco ou eau

150 g de glaçons

1. Lavez le persil. Épluchez le citron et lavez et coupez le reste des ingrédients en morceaux de 3 à 4 cm.

2. Déposez-les avec les glaçons dans le mixeur. Ajoutez le sirop de sucre et complétez avec l'eau de coco ou l'eau.

3. Lancez le **mode green smoothie** et servez immédiatement.

ingrédients

1 barquette de framboises
(250 g)

1 barquette de mûres
(150 g)

½ barquette de fraises
(125 g)

15 feuilles de basilic

50 g de cassonade

1 l d'eau

100 g de glaçons

RED FRUIT PARTY

FRAMBOISE - MÛRE - FRAISE

4 personnes

5 MIN

1 MIN 20

1. Lavez le basilic. Lavez les fruits rouges, équeutez-les si nécessaire.

2. Déposez tous les ingrédients dans le mixeur avec les glaçons, et complétez avec l'eau.

3. Lancez le **mode green smoothie** et servez immédiatement ou conservez 48 h au réfrigérateur. Filtrez si nécessaire.

Bon à savoir : *Utilisez de préférence des fruits d'origine bio.*

ingrédients

2 oranges

½ mangue

3 avocats

1 l d'infusion de mélisse

100 g de glaçons

HYDRATANT & RELAXANT

ORANGE - MANGUE - AVOCAT

4 personnes

10 MIN

1 MIN 40

1. Préparez l'infusion de mélisse et laissez refroidir. Épluchez les ingrédients et coupez-les en morceaux de 3 à 4 cm.

2. Déposez-les avec les glaçons dans le mixeur avec 50 cl d'infusion.

3. Lancez le **mode green smoothie**, ajoutez le reste de l'infusion et mixez en mode manuel 20 s vitesse 2 avant de servir.

ingrédients

½ concombre

½ melon

10 g de gingembre

3 brins de menthe

25 cl d'eau de coco

100 g de glaçons

SUMMER DREAM

CONCOMBRE - MELON

4 personnes

5 MIN

1 MIN 20

1. Lavez et effeuillez la menthe. Épluchez les ingrédients, épépinez le concombre et le melon. Coupez-les en morceaux de 3 à 4 cm.

2. Déposez-les avec les glaçons dans le mixeur et complétez avec l'eau de coco.

3. Lancez le **mode green smoothie** et servez immédiatement.

ingrédients

½ mangue

90 g de litchis

70 g de potiron

1 yaourt nature

15 g de cassonade

25 cl de lait

100 g de glaçons

IMPROBABLE & DÉLICIEUX

MANGUE - LITCHI - POTIRON

4 personnes

5 MIN

1 MIN 50

1. Épluchez les ingrédients et coupez-les en morceaux de 3 à 4 cm.

2. Déposez-les avec les glaçons dans le mixeur et ajoutez la cassonade, le yaourt et le lait.

3. Lancez le **mode green smoothie** et ajustez la texture à votre goût en allongeant avec de l'eau. Mixez en **mode manuel** 30 s vitesse 3 avant de servir.

ingrédients

2 bananes

6 abricots secs

10 g de raisins secs

25 cl de thé vanille

25 cl de jus d'orange

25 cl de lait de soja vanille

100 g de glaçons

INSTANT DOUCEUR

BANANE - ABRICOT - RAISIN

4 personnes

10 MIN

1 MIN 20

1. Préparez le thé vanille et laissez refroidir. Réhydratez quelques minutes les abricots et raisins secs dans de l'eau bouillante. Épluchez les bananes et coupez-les en morceaux.

2. Déposez-les dans le mixeur avec les glaçons et complétez avec le jus d'orange et le lait de soja vanille.

3. Lancez le **mode green smoothie** et servez immédiatement.

LAIT SOJA

ingrédients

3 oranges sanguines

4 kiwis

½ mangue

50 cl d'eau de coco ou d'eau

50 g de glaçons

ATHÉNA

ORANGE - KIWI - MANGUE

4 personnes

5 MIN

1 MIN 20

1. Épluchez les ingrédients et coupez-les en morceaux de 3 à 4 cm.

2. Déposez-les avec les glaçons dans le mixeur et complétez avec l'eau de coco ou l'eau.

3. Lancez le **mode green smoothie** et servez immédiatement.

ingrédients

10 fraises

2 bananes

2 pommes

1 yaourt nature

25 cl d'eau

200 g de glaçons

L'HEURE DU GOÛTER

FRAISE - BANANE - POMME

4 personnes

5 MIN

1 MIN 20

1. Équeutez les fraises. Épluchez les ingrédients et coupez-les en morceaux de 3 à 4 cm.

2. Déposez-les avec les glaçons dans le mixeur, ajoutez le yaourt et complétez avec l'eau.

3. Lancez le **mode green smoothie** et servez immédiatement.

MAX
MAX
Moulinex
Compote
Hot sauce
Multigrain milk
Coulis
Soup
Green smoothie
Milk shake
Ice crush

ingrédients

2 poires

2 pommes

3 dattes
6 cl de sirop de gingembre

25 cl de lait d'amande

150 g de glaçons

RÉCONFORT

POIRE - POMME - DATTE

4 personnes

5 MIN

1 MIN 20

1. Épluchez les pommes et les poires, puis coupez-les en morceaux de 3 à 4 cm. Dénoyautez les dattes et coupez-les en deux.

2. Déposez tous les ingrédients dans le mixeur avec les glaçons.

3. Lancez le **mode green smoothie** et servez immédiatement.

ingrédients

10 fraises

½ concombre

100 g de raisin blanc

25 cl d'eau de coco ou d'eau

100 g de glaçons

SMOOTHIE D'ÉTÉ

FRAISE - CONCOMBRE - RAISIN

4 personnes

5 MIN

1 MIN 20

1. Équeutez les fraises, lavez et égrappez le raisin. Épépinez le concombre et coupez-le en morceaux de 3 à 4 cm.

2. Déposez-les avec les glaçons dans le mixeur et complétez avec l'eau de coco ou l'eau.

3. Lancez le **mode green smoothie** et servez immédiatement.

MAX
MAX
Moulinex
1:18
Compote
Hot sauce
Multigrain milk
Coulis
Soup
Green smoothie
Milk shake
Ice crush
start stop

ingrédients

50 cl de jus de pêche ou 350 g de pêches

3 kiwis

1 yaourt nature

10 g de sucre vanillé

100 g de glaçons

KIDS & OTHERS

PÊCHE - KIWI

4 personnes

5 MIN

1 MIN 20

1. Épluchez les ingrédients et coupez-les en morceaux de 3 à 4 cm.

2. Déposez-les avec le sucre vanillé et les glaçons dans le mixeur et ajoutez le yaourt.

3. Lancez le **mode green smoothie** et servez immédiatement.

ingrédients

2 citrons verts

20 g de gingembre

3 brins menthe

50 cl de jus d'aloe vera

20 cl de limonade

150 g de glaçons

APÉRO CHOC

CITRON VERT - GINGEMBRE

4 personnes

5 MIN

1 MIN 20

1. Lavez et effeuillez la menthe. Épluchez les citrons verts et coupez-les en quartiers. Pelez et coupez le gingembre en lamelles.

2. Déposez-les dans le mixeur avec les glaçons et ajoutez le jus d'aloe vera.

3. Lancez le **mode green smoothie**, servez dans les verres et complétez avec la limonade.

ingrédients

1 mangue

¼ de pastèque

1 c. à café de miel

50 cl d'eau de coco

25 cl de lait de coco

150 g de glaçons

WAKE UP ZEN

MANGUE - PASTÈQUE

4 personnes

5 MIN

1 MIN 20

1. Épluchez la mangue et la pastèque, puis coupez-les en morceaux.

2. Déposez tous les ingrédients dans le mixeur avec les glaçons.

3. Lancez le **mode green smoothie** et ajustez la texture à votre goût en allongeant avec de l'eau. Servez bien frais.

ingrédients

½ **papaye**

¼ **d'ananas**

½ **grenade**

50 cl de lait de soja vanille

50 g de glaçons

SMOOTHIE DES ÎLES

PAPAYE - ANANAS - GRENADE

4 personnes

5 MIN

1 MIN 20

1. Épluchez la papaye et l'ananas, puis coupez-les en morceaux de 3 à 4 cm. Coupez la grenade en deux et retirez les graines sans conserver la peau blanche amère.

2. Déposez-les avec les glaçons dans le mixeur et complétez avec le lait de soja vanille.

3. Lancez le **mode green smoothie** et servez immédiatement.

ingrédients

1 orange

10 tomates cerises

1 poivron jaune

25 cl de thé vert

1 cl de sirop de sucre de canne

150 g de glaçons

ANDALOUSE ATTITUDE

ORANGE - TOMATE - POIVRON

4 personnes

5 MIN

1 MIN 20

1. Préparez le thé vert et laissez refroidir. Épluchez l'orange. Lavez et coupez le poivron en morceaux et les tomates cerises en deux.

2. Déposez tous les ingrédients dans le mixeur avec les glaçons.

3. Lancez le **mode green smoothie** et servez immédiatement.

ingrédients

½ concombre

2 pommes

1 citron vert

3 brins de menthe

50 cl de jus d'aloe vera

150 g de glaçons

SO FRESH

CONCOMBRE - CITRON VERT

4 personnes

5 MIN

1 MIN 20

1. Lavez et effeuillez la menthe. Épluchez les ingrédients et coupez-les en morceaux de 3 à 4 cm.

2. Déposez-les dans le mixeur avec les glaçons et complétez avec le jus d'aloe vera.

3. Lancez le **mode green smoothie** et servez immédiatement.

ingrédients

4 kiwis

3 poires

3 brins de coriandre
6 cl de sirop de pomme

50 cl de thé vert

Eau gazeuse type Perrier®

150 g de glaçons

GREEN ASIA

KIWI - CORIANDRE

4 personnes
5 MIN
1 MIN 20

1. Préparez le thé vert et laissez refroidir. Lavez la coriandre. Épluchez les kiwis et les poires et coupez-les en quartiers.

2. Déposez-les dans le mixeur avec les glaçons et le sirop de pomme.

3. Lancez le **mode green smoothie**, servez dans les verres et complétez avec l'eau gazeuse.

ingrédients

½ concombre

1 poivron vert

1 pomme

1 citron vert
4 cl de sirop d'estragon

25 cl d'eau de coco ou eau

Eau gazeuse type Perrier® (facultatif)
150 g de glaçons

APÉRITIF D-TOX

CONCOMBRE - POIVRON

4 personnes
5 MIN
1 MIN 20

1. Lavez ou épluchez les ingrédients, puis coupez-les en morceaux de 3 à 4 cm.

2. Déposez-les avec le sirop et les glaçons dans le mixeur et ajoutez l'eau de coco ou l'eau.

3. Lancez le **mode green smoothie**, servez dans les verres et, pour un effet pétillant, complétez éventuellement avec l'eau gazeuse.

Astuce : Réalisez votre sirop d'estragon maison ou rendez-vous sur www.monin.com.

ingrédients

¼ d'ananas

2 bananes

60 g de litchis

60 g de roquette

50 cl de lait de soja

150 g de glaçons

SMOOTHIE LITCHI & CIE

ANANAS - BANANE - LITCHI

4 personnes

5 MIN

1 MIN 20

1. Lavez la roquette. Épluchez les ingrédients et coupez-les en morceaux de 3 à 4 cm.

2. Déposez-les avec les glaçons dans le mixeur et complétez avec le lait de soja.

3. Lancez le **mode green smoothie** et servez immédiatement.

ingrédients

¼ d'ananas

2 avocats

100 g d'épinards

50 cl d'eau de coco

25 cl de lait de coco

100 g de glaçons

FOREVER YOUNG

ANANAS - AVOCAT - ÉPINARD

4 personnes

5 MIN

1 MIN 40

1. Lavez les épinards. Épluchez les ingrédients et coupez-les en morceaux de 3 à 4 cm.

2. Déposez-les avec les glaçons dans le mixeur et complétez avec le lait et la moitié de l'eau de coco.

3. Lancez le **mode green smoothie**, ajoutez le reste d'eau de coco et mixez en **mode manuel** 20 s vitesse 2 avant de servir.

DAIRY
CREST

Laits végétaux

ingrédients

100 g de protéines de soja séchées

45 g de cassonade

1 l d'eau

LAIT
DE SOJA NATURE

4 personnes

5 MIN

20 MIN 30

1. Déposez tous les ingrédients dans le mixeur. Lancez le **mode multigrain milk** et servez chaud ou froid.

2. Si vous le servez froid, rajoutez 25 cl d'eau et mixez en **mode manuel** 30 s vitesse 3 avant de servir.

Astuce : Ajustez avec de l'eau en fonction de la texture souhaitée.

Moulinex

Moulinex

Moulinex

Moulinex

ingrédients

100 g de noisettes

45 g de cassonade

1 l d'eau

LAIT
DE NOISETTE

4 personnes

5 MIN

20 MIN 30

1. Déposez tous les ingrédients dans le mixeur. Lancez le **mode multigrain milk** et servez chaud ou froid.

2. Si vous le servez froid, rajoutez 25 cl d'eau et mixez en **mode manuel** 30 s vitesse 3 avant de servir.

Astuce : *Ajustez avec de l'eau en fonction de la texture souhaitée.*

DAIRY
CREST

ingrédients

100 g d'épeautre

3 cl de sirop d'agave

10 g de cassonade

1 l d'eau

LAIT D'ÉPEAUTRE

4 personnes

5 MIN

20 MIN 30

1. Déposez tous les ingrédients dans le mixeur. Lancez le **mode multigrain milk** et servez chaud ou froid.

2. Si vous le servez froid, rajoutez 25 cl d'eau et mixez en **mode manuel** 30 s vitesse 3 avant de servir. Ajustez la quantité d'eau selon la texture souhaitée.

Astuce *: Ajustez avec de l'eau en fonction de la texture souhaitée.*

ingrédients

150 g de noix de coco fraîche

3 cl de sirop de coco

1 l d'eau

LAIT
DE COCO

4 personnes

5 MIN

21 MIN 30

1. Déposez tous les ingrédients dans le mixeur.

2. Lancez le **mode multigrain milk**, puis mixez en **mode manuel** 1 min 30 vitesse 9 avant de servir chaud.

Astuce : Ajustez avec de l'eau en fonction de la texture souhaitée.

ingrédients

100 g d'avoine

10 g de cassonade

3 cl de sirop d'agave

1 l d'eau

LAIT
D'AVOINE

4 personnes

5 MIN

20 MIN 30

1. Déposez tous les ingrédients dans le mixeur. Lancez le **mode multigrain milk** et servez chaud ou froid.

2. Si vous le servez froid, rajoutez 25 cl d'eau et mixez en **mode manuel** 30 s vitesse 3 avant de servir.

Astuce : *Ajustez avec de l'eau en fonction de la texture souhaitée.*

ingrédients

200 g de riz basmati

20 g de chocolat blanc

10 g de cassonade

1,5 c. à soupe de sirop de chocolat blanc

25 cl d'eau de coco

25 cl de lait de coco

1 l d'eau

LAIT DE RIZ COCO-CHOCOLAT BLANC

4 personnes

5 MIN

20 MIN 30

1. Déposez tous les ingrédients sauf l'eau de coco dans le mixeur. Lancez le **mode multigrain milk** et servez chaud ou froid.

2. Si vous le servez froid, rajoutez 25 cl d'eau de coco, puis mixez en **mode manuel** 30 s vitesse 3 avant de servir.

Astuce : *Ajustez avec de l'eau en fonction de la texture souhaitée.*

ingrédients

100 g de protéines de soja séchée

45 g de cassonade

3 c. à café de Caro® (chicoré en poudre)

1 l d'eau

LAIT
DE SOJA CARO®
(CAFÉ SANS CAFÉINE)

4 personnes

5 MIN

21 MIN

1. Déposez le soja, la cassonade et l'eau dans le mixeur. Lancez le **mode multigrain milk.**

2. Ajoutez la chicorée et mixez en **mode manuel** 30 s vitesse 3 avant de servir chaud ou froid.

3. Si vous le servez froid, rajoutez 25 cl d'eau et mixez de nouveau en **mode manuel** 30 s vitesse 3. Ajustez la quantité d'eau selon la texture souhaitée.

Astuce : Ajustez avec de l'eau en fonction de la texture souhaitée.

LAIT
D'AMANDE INDI

ingrédients

140 g d'amandes émondées

4 dattes

1 c. à café de sel rose de l'Himalaya

1 c. à soupe de charbon actif (facultatif)

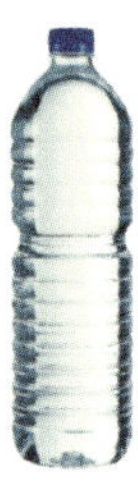

1 l d'eau

4 personnes

5 MIN

20 MIN 30

1. Dénoyautez et coupez les dattes en deux. Déposez tous les ingrédients dans le mixeur. Lancez le **mode multigrain milk** et servez chaud ou froid.

2. Si vous le servez froid, rajoutez 25 cl d'eau et mixez en **mode manuel** 30 s vitesse 3 avant de servir.

Astuce : *Ajustez avec de l'eau en fonction de la texture souhaitée.*

568 ml

ingrédients

150 g d'amandes émondées

½ c. à soupe de thym séché

60 g de miel de montagne

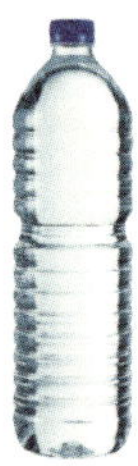

1 l d'eau

LAIT D'AMANDE
THYM & MIEL

4 personnes

5 MIN

20 MIN 30

1. Déposez tous les ingrédients dans le mixeur. Lancez le **mode multigrain milk** et servez chaud ou froid.

2. Si vous le servez froid, rajoutez 25 cl d'eau et mixez en **mode manuel** 30 s vitesse 2 avant de servir.

Astuce : Ajustez avec de l'eau en fonction de la texture souhaitée.

Miel

ingrédients

400 g de riz basmati

20 g de cacao à 80 %

10 g de cassonade

1,5 cl de sirop d'érable

1 l d'eau

LAIT DE RIZ AU CACAO

4 personnes

5 MIN

20 MIN 30

1. Déposez tous les ingrédients dans le mixeur. Lancez le **mode multigrain milk** et servez chaud ou froid.

2. Si vous le servez froid, rajoutez 25 cl d'eau et mixez en **mode manuel** 30 s vitesse 3 avant de servir.

Variante : Vous pouvez remplacer le cacao par du Camu Cao® (farine de caroube).

Astuce : Ajustez avec de l'eau en fonction de la texture souhaitée.

Lassis

LASSI POMME

ingrédients

2 pommes

1 c. à café de cardamome

4 cl de sirop de pomme

2 yaourts nature

25 cl de lait demi-écrémé

10 g de sucre

50 g de glaçons

4 personnes

5 MIN

1 MIN 10

1. Au préalable, faites infuser la cardamome dans le lait.

2. Déposez dans le mixeur les glaçons et mixez en **mode manuel** 10 secondes vitesse 2.

3. Ajoutez les pommes épluchées en quartiers et le reste des ingrédients après avoir éventuellement retiré les graines de cardamome. Mixez en **mode manuel** 1 minute vitesse 3.

Moulinex

ingrédients

2 c. à café de copeaux de coco

1 c. à café de cardamome

2 yaourts nature

4 c. à soupe de crème liquide

50 cl de lait de coco

10 g de sucre

50 cl d'eau de coco

100 g de glaçons

LASSI COCO

4 personnes

5 MIN

30 S

1. Au préalable, faites infuser la cardamome dans l'eau de coco.

2. Déposez dans le mixeur les glaçons et mixez en **mode manuel** 10 s vitesse 2.

3. Après avoir éventuellement retiré les graines de cardamome, ajoutez le reste des ingrédients. Mixez en **mode manuel** 20 s vitesse 2.

ingrédients

1 mangue

1 c. à café de cardamome

2 yaourts nature

50 cl de lait demi-écrémé
ou de lait végétal

50 g de glaçons

1 pincée de sel

LASSI MANGO

4 personnes

5 MIN

20 S

1. Au préalable, faites infuser la cardamome dans le lait.

2. Déposez dans le mixeur les glaçons et mixez en **mode manuel** 10 s vitesse 2.

3. Après avoir éventuellement retiré les graines de cardamome, ajoutez la mangue épluchée et coupée en morceaux, puis le reste des ingrédients. Mixez en **mode manuel** 10 s vitesse 3.

ingrédients

4 figues séchées

1 c. à café ou 1 bâton de cannelle
4 cl de sirop de figue

2 yaourts nature

50 cl de lait demi-écrémé ou de lait végétal

10 g de sucre

150 g de glaçons

LASSI FIGUE

4 personnes

5 MIN

40 S

1. Au préalable, faites infuser la cannelle dans le lait.

2. Déposez dans le mixeur les glaçons et les figues coupées en lamelles, puis mixez en **mode ice crush.**

3. Après avoir éventuellement retiré le bâton de cannelle, ajoutez le reste des ingrédients. Mixez en **mode manuel** 10 secondes vitesse 3.

LASSI GRENADA

ingrédients

1 grenade

4 cl de sirop de grenadine

2 yaourts nature

25 cl de lait demi-écrémé

10 g de sucre

50 g de glaçons

4 personnes

5 MIN

1 MIN 10

1. Déposez dans le mixeur les glaçons et mixez en **mode manuel** 10 s vitesse 2.

2. Ajoutez les graines de la grenade et le reste des ingrédients. Mixez en **mode manuel** 1 min vitesse 3.

ingrédients

2 dattes

4 anis étoilés

10 g de pistaches en poudre

2 yaourts nature

50 cl de lait demi-écrémé ou de lait végétal

10 g de sucre

4 cl de sirop de sucre de canne

50 g de glaçons

LASSI
L'ANIS ÉTOILÉ

4 personnes

5 MIN

20 S

1 NUIT

1. La veille, faites infuser les anis étoilés avec les pistaches dans le lait.

2. Déposez dans le mixeur les glaçons et mixez en **mode manuel** 10 s vitesse 2.

3. Après avoir retiré les anis étoilés, ajoutez les dattes dénoyautées et coupées en morceaux et le reste des ingrédients. Mixez en **mode manuel** 10 s vitesse 3.

ingrédients

6 pruneaux

1 c. à café de cumin

4 cl de miel

2 yaourts nature

40 cl de lait demi-écrémé ou de lait végétal

10 g de sucre

50 g de glaçons

LASSI PRUNEAUX

4 personnes

5 MIN

35 S

1. Déposez dans le mixeur les glaçons et mixez en **mode manuel** 10 s vitesse 2.

2. Ajoutez les pruneaux coupés en morceaux avec le reste des ingrédients. Mixez en **mode manuel** 25 s vitesse 3.

ingrédients

2 dattes

1 c. à café de cannelle

4 cl de sirop d'érable

2 yaourts nature

25 cl de lait demi-écrémé ou de lait végétal

10 g de sucre

50 g de glaçons

LASSI
À LA CANADIENNE

4 personnes

5 MIN

20 S

1. Déposez dans le mixeur les glaçons et mixez en **mode manuel** 10 s vitesse 2.

2. Ajoutez les dattes dénoyautées et coupées en morceaux avec le reste des ingrédients et mixez en **mode manuel** 10 s vitesse 3.

ABSOLUTELY PURE MAPLESYRUP
Maple Joe
Canada Grade A
Quality N°1
PUR SIROP D'ERABLE

LASSI
PASSION PAPRIKA

ingrédients

2 fruits de la Passion

1 c. à café de paprika

4 cl de sirop de fruit de la Passion

2 yaourts nature

50 cl de lait demi-écrémé ou lait végétal

10 g de sucre

100 g de glaçons

4 personnes

5 MIN

20 S

1. Déposez dans le mixeur les glaçons et mixez en **mode manuel** 10 s vitesse 2.

2. Ajoutez la chair des fruits de la Passion avec le reste des ingrédients. Mixez en **mode manuel** 10 s vitesse 3.

Sirop
saveur
Châtaigne
20cl

Milkshakes

ingrédients

100 g de glace vanille

1 gousse de vanille

30 g de sucre vanillé

25 cl de lait

2 c. à soupe de crème liquide

200 g de glaçons

MILKSHAKE VANILLE

4 personnes

5 MIN

1 MIN 30

1. Déposez dans le mixeur les glaçons et la gousse de vanille coupée en tronçons de 1 cm. Mixez en **mode ice crush.**

2. Ajoutez le reste des ingrédients. Lancez le **mode milk-shake** et servez immédiatement.

ingrédients

2 bananes

80 g de glace vanille

2 c. à soupe de crème liquide

25 cl de lait

10 g de cassonade
ou 4 cl de sirop de banane

200 g de glaçons

BANANA MILKSHAKE

4 personnes

5 MIN

1 MIN

1. Déposez dans le mixeur les glaçons, la glace, la cassonade, les bananes épluchées et coupées en morceaux, la crème et terminez par le lait.

2. Lancez le **mode milkshake** et servez immédiatement.

ingrédients

40 g de crème de marrons

15 g de glace vanille

4 cl de sirop de châtaigne (facultatif)

50 cl de lait d'amande

200 g de glaçons

MILKSHAKE CHÂTAIGNE (LACTOSE FREE)

4 personnes

5 MIN

1 MIN

1. Déposez dans le mixeur les glaçons, la crème de marrons, la glace, éventuellement le sirop de châtaigne et terminez par le lait d'amande.

2. Lancez le **mode milkshake** et servez immédiatement.

TEMPS DES METS
Sirop
saveur
Châtaigne
20cl

ingrédients

70 g de glace chocolat

2 c. à soupe de crème liquide

50 cl de lait

20 g de cassonade

200 g de glaçons

MILKSHAKE CHOCO

4 personnes

5 MIN

1 MIN

1. Déposez dans le mixeur les glaçons, la glace, la cassonade, la crème et terminez par le lait.

2. Lancez le **mode milkshake** et servez immédiatement.

ingrédients

70 g de glace café

1 expresso froid

2 c. à soupe de crème liquide

25 cl de lait

15 g de cassonade

200 g de glaçons

COFFEE MILKSHAKE

4 personnes

5 MIN

1 MIN

1. Déposez dans le mixeur les glaçons, la glace, la cassonade, l'expresso, la crème et terminez par le lait.

2. Lancez le **mode milkshake** et servez immédiatement.

ingrédients

7 fraises

100 g de glace fraise
ou vanille

50 cl de lait

20 g de cassonade
ou 6 cl de sirop de fraise

200 g de glaçons

MILKSHAKE FRAISE

4 personnes

5 MIN

1 MIN

1. Déposez dans le mixeur les glaçons, la glace, la cassonade, les fraises coupées en deux et terminez par le lait.

2. Lancez le **mode milkshake** et servez immédiatement.

MAX
40

ingrédients

150 g de glace pistache

15 g de pistaches en poudre

25 cl de lait de riz

20 g de cassonade
ou 6 cl sirop de pistache

1 c. à soupe de crème liquide

150 g de glaçons

MILKSHAKE
PISTACCIO

4 personnes

5 MIN

1 MIN 30

1. Déposez dans le mixeur les glaçons et les pistaches, puis mixez en **mode ice crush.**

2. Ajoutez le reste des ingrédients. Lancez le **mode milk-shake** et servez immédiatement.

ingrédients

100 g de sorbet mangue

50 g de mangue surgelée
en morceaux

3 brins de menthe

30 g de glace vanille

50 cl de lait

200 g de glaçons
10 g de sucre

MILKSHAKE
MANGO & MINT

4 personnes

5 MIN

1 MIN

1. Déposez dans le mixeur les glaçons, le sorbet, la glace, la mangue, la cassonade, la menthe lavée et effeuillée et terminez par le lait.

2. Lancez le **mode milkshake** et servez immédiatement.

ingrédients

200 g d'ananas surgelé en morceaux

70 g de sorbet coco

30 cl d'eau de coco

20 cl de lait de coco

20 g de cassonade

150 g de glaçons

MILKSHAKE VIRGIN COLÃDA

4 personnes

5 MIN

1 MIN

1. Déposez dans le mixeur les glaçons, le sorbet, l'ananas, la cassonade et terminez par l'eau et le lait de coco.

2. Lancez le **mode milkshake** et servez immédiatement.

ingrédients

150 g de glace vanille

100 g de pop corn

25 cl de lait

20 g de cassonade

200 g de glaçons

MILKSHAKE POP CORN

4 personnes

5 MIN

1 MIN

1. Déposez dans le mixeur les glaçons, la glace, le pop corn, la cassonade et terminez par le lait.

2. Lancez le **mode milkshake** et servez immédiatement.

Gaspachos

ingrédients

1 courgette

½ concombre

40 g d'épinards

½ oignon blanc

2 cubes de fromage
½ branche de céleri
½ gousse d'ail (facultatif)
75 cl d'eau
Sel et poivre Tartare®

GASPACHO COURGETTE & ÉPINARDS

4 personnes
10 MIN
2 MIN

1. Épluchez et déposez l'oignon et l'ail avec 25 cl d'eau dans le mixeur et mixez en **mode manuel** 30 s vitesse 5.

2. Coupez la courgette en dés. Équeutez les épinards. Épépinez le concombre et coupez-le avec le céleri en morceaux de 3 à 4 cm.

3. Déposez les ingrédients dans le mixeur, ajoutez le fromage, salez, poivrez et complétez avec le reste d'eau. Mixez en **mode manuel** 1 min 30 vitesse 5. Conservez au frais jusqu'au moment de servir.

ingrédients

2 betteraves cuites

2 pommes

1 gousse d'ail

3 brins de persil

50 cl d'eau

50 g de glaçons

GASPACHO BETTERAVE

4 personnes

10 MIN

1 MIN 50

1. Lavez le persil, pelez l'ail et déposez-les dans le mixeur avec les glaçons. Épluchez et coupez les betteraves et les pommes en morceaux de 3 à 4 cm. Ajoutez-les dans le mixeur et complétez avec l'eau.

2. Mixez en **mode manuel** 1 min 30 vitesse 5. Vérifiez la texture et rajoutez de l'eau si nécessaire et mixez de nouveau en **mode manuel** 20 s vitesse 2. Servez immédiatement.

Moulinex

ingrédients

4 tomates

1 poivron rouge

1 citron

1 oignon

1 gousse d'ail

8 à 10 feuilles de basilic

1 c. à soupe d'huile d'olive

3 gouttes de Tabasco®

Sel et poivre

50 cl d'eau

LE CLASSIQUE
GASPACHO TOMATE

4 personnes

10 MIN

2 MIN 20

1. Déposez l'oignon et l'ail dans le mixeur avec 25 cl d'eau. Mixez en **mode manuel** 40 secondes vitesse 4.

2. Épluchez le citron, coupez les tomates et le poivron rouge en morceaux de 3 à 4 cm. Ajoutez le basilic, l'huile, le Tabasco® et le reste d'eau, puis mixez de nouveau en **mode manuel** 1 min 40 vitesse 6. Assaisonnez selon votre goût.

ingrédients

1 concombre

¼ de pastèque

2 citrons verts

2 oignons blancs

5 brins de menthe

1 c. à café de vinaigre de framboise

Sel et poivre

150 g de glaçons

GASPACHO CONCOMBRE & PASTÈQUE

4 personnes

10 MIN

1 MIN 40

1. Épluchez les oignons. Épépinez le concombre et coupez la pastèque en morceaux de 3 à 4 cm. Lavez et effeuillez la menthe. Épluchez les citrons.

2. Déposez-les dans le mixeur avec les glaçons. Ajoutez le vinaigre. Mixez en **mode manuel** 1 min 40 vitesse 6. Assaisonnez selon votre goût.

GASPACHO MELON & BASILIC

ingrédients

250 g de melon

½ poivron jaune

1 citron

1 oignon blanc

8 feuilles de basilic

1 gousse d'ail (facultatif)

1 c. à café de piment d'Espelette

1 c. à café d'huile d'olive

Sel et poivre

50 cl d'eau

4 personnes

10 MIN

2 MIN 20

1. Déposez l'oignon et éventuellement l'ail dans le mixeur avec la moitié de l'eau. Mixez en **mode manuel** 40 s vitesse 4.

2. Épluchez le citron et le melon, puis coupez-le en morceaux de 3 à 4 cm. Coupez le poivron. Ajoutez-les avec le basilic, le piment, l'huile et le reste d'eau. Mixez en **mode manuel** 1 min 40 vitesse 6. Assaisonnez.

Index

TABLE DES ÉQUIVALENCES FRANCE-CANADA

Poids

55 g	2 onces	200 g	7 onces	500 g	17 onces
100 g	3 onces	250 g	9 onces	750 g	26 onces
150 g	5 onces	300 g	10 onces	1 kg	35 onces

Ces équivalences permettent de calculer le poids à quelques grammes près (en réalité, 1 once = 28 g).

Capacités

25 cl	1 tasse	75 cl	3 tasses
50 cl	2 tasses	1 l	4 tasses

Pour faciliter la mesure des capacités, une tasse équivaut ici à 25 cl (en réalité, 1 tasse = 8 onces = 23 cl).

Édition : Alice Dauphin

Conception graphique et couverture : Aurore Elie

Mise en pages : Laurent Deshayes

Fabrication : Donia Faiz

Les Éditions Larousse utilisent des papiers composés de fibres naturelles, renouvelables, recyclables et fabriquées à partir de bois issus de forêts qui adoptent un système d'aménagement durable. En outre, les Éditions Larousse attendent de leurs fournisseurs de papier qu'ils s'inscrivent dans une démarche de certification environnementale reconnue.

ISBN : 978-2-03-595582-1

Photogravure : Nord Compo

Imprimé en Espagne par Graficas Estella

Dépôt légal : avril 2018

321482/02 – 11046777- février 2021

PAPIER À BASE DE FIBRES CERTIFIÉES

Dessain et Tolra s'engage pour l'environnement en réduisant l'empreinte carbone de ses livres. Celle de cet exemplaire est de : **1,2 kg éq. CO_2** Rendez-vous sur www.dessain-tolra-durable.fr